Maîtrise de la Langue Française

CE1

CYCLE 2

Collection La balle aux Mots

Exercices d'évaluation

SOUS LA DIRECTION D'HENRI MITTERAND

MARTINE DESCOUENS
PASCAL DENARDOU
DANIEL FAYE

Mon nom

....

....

GRAMMAIRE

CONJUGAISON

ORTHOGRAPHE

VOCABULAIRE

Nathan

Sommaire

Coordination éditoriale : Laurence Michaux
Coordination artistique : Léa Verdun
Conception graphique et couverture : Rony Turlet
Illustratrice : Lucile Limont
Mise en pages : Lo Yenne et Nicole Sicre

ISBN : 978-2-09-120537-3

Avant-propos

Ce cahier d'évaluation, destiné aux élèves de CE1, complète le manuel de la collection *La Balle aux mots*.

Outil d'évaluation, il permet de vérifier efficacement le niveau des acquisitions de chaque élève dans le domaine de l'étude de la langue, et ce tout au long de l'année scolaire.

Dans cette perspective, le cahier suit la structure et la progression du manuel. **Organisé en 5 périodes**, il propose **l'évaluation des notions** abordées dans les **quatre grands domaines de l'étude de la langue** : **grammaire**, **conjugaison**, **orthographe** et **vocabulaire**. Nous avons privilégié les notions devant être impérativement acquises à la fin du cycle 2. Certaines notions abordées dans le manuel CE1 ne doivent donner lieu qu'à une simple sensibilisation et ne sont donc pas reprises dans les évaluations.
Chaque domaine comprend ainsi, dans le cahier, de **1 à 4 fiches d'évaluation par période**. Chaque fiche traite une ou plusieurs notions correspondant à une ou plusieurs unités du manuel. Ce découpage doit permettre à l'enseignant de mener des évaluations complètes, de la manière la plus souple possible, en cours ou en fin de période.

Chaque fiche d'évaluation est structurée de la même façon :

 **1 exercice d'observation** mené à partir d'une ou deux phrases ou d'un texte court ;

 **2 ou 3 exercices d'application** classés par ordre croissant de difficulté ;

 **1 exercice de réinvestissement** dans une production d'écrit.

Pour la simplicité de la notation, le barème de chaque exercice, situé dans la partie de droite de chaque page, est un multiple du nombre de réponses (le plus souvent de 1/2 à 2 points par réponse).

En bas de page, un total sur 20 permet à l'enseignant de faire un point très précis sur les acquis de chaque élève.

Les auteurs

UNITÉ 1. **Les mots et la phrase** UNITÉ 2. **Les phrases et le texte**

1. Observe.

a) Entoure l'enfant qui n'a pas écrit une phrase sur sa pancarte.

b) Recopie sa pancarte en ajoutant le mot *gâcher* au bon endroit pour former une phrase.

.... ___/4

2. Numérote les phrases de ce texte dans le bon ordre.

☐ Enfin, elle pose le bouquet sur la table.
☐ Hermine cueille des tulipes.
☐ Puis elle met les tulipes dans le vase.
☐ Elle le remplit d'eau. ___/4

3. Souligne le mot entre parenthèses qui convient pour transformer chaque suite de mots en phrase. Trace une croix à l'endroit où il faut placer ce mot, comme dans l'exemple.

Exemple : Lola a mis son × à rayures pour sortir. (*chaud* / *pull*)
- Lola fait du . (*dehors* / *roller*)
- Son court à côté d'elle. (*chien* / *elle*)
- Sur le banc, un chat les passer. (*noir* / *regarde*) ___/6

4. Écris deux phrases avec les étiquettes. N'oublie pas les majuscules et les points !

les arbres – les koalas – vivent – dans – possèdent – des grandes griffes – ils

- ....
- .... ___/6

score ___/20

UNITÉ 3. La phrase interrogative **UNITÉ 4. La phrase exclamative**

1. Observe.

Jibril va au théâtre avec sa classe. Comme il est content ! Est-ce que le spectacle lui plaira ? Sera-t-il assis à côté de son amie Emma ? Il ne sait pas combien de temps durera le spectacle. Pourvu qu'il ne soit pas trop court !

a) Combien y a-t-il de phrases dans ce texte ?

....

b) Souligne les phrases interrogatives en vert et les phrases exclamatives en bleu. ___/5

2. Complète chaque phrase avec un point d'interrogation ou un point d'exclamation.

- Youpi, les vacances approchent ☐
- Est-ce que tu viendras chez moi ☐
- Est-ce que tu resteras plusieurs jours ☐
- Tes parents seront-ils d'accord ☐
- Oh, ça va être génial ☐

___/5

3. Transforme cette phrase en phrase interrogative, en l'écrivant de deux façons.

Le ballon de Théo est percé.

- ....
- ....

___/4

4. Écris une phrase exclamative pour dire ce que tu ressens en regardant la photo de cet animal.

....

....

Puis écris une phrase interrogative pour poser une question à propos de cet animal.

....

___/6

score ___/20

Unité 6. Le verbe

1. Observe.

Dans la cour, un garçon marche autour d'un arbre. Une petite fille boit quelque chose. Les maîtresses parlent ensemble. Un garçon et une fille jouent au ballon.

a) Souligne le verbe dans chacune de ces phrases.

b) Entoure les phrases qui correspondent au dessin. ___/6

2. Complète chaque phrase avec le verbe de la liste qui convient.

perdent – fleurissent – est – partent

- Les jonquilles .... au printemps.
- Les hirondelles .... vers l'Afrique à la fin de l'été.
- Les arbres .... leurs feuilles en automne.
- L'hiver .... la saison la plus froide.

___/4

3. Complète chaque phrase avec le verbe qui convient pour qu'elle corresponde au dessin.

- Le ballon .... sur le sol. (*roule* / *rebondit*)

- Le chien .... devant la porte. (*dort* / *mange*)

- Un vieux monsieur .... un journal. (*lit* / *achète*)

___/6

4. Complète chaque phrase avec le verbe de ton choix. Puis fais un dessin pour illustrer tes phrases.

- Un gros chat gris .... dans l'arbre.
- Deux souris .... sous le banc du jardin.

___/4

score ___/20

UNITÉ 1. Passé, présent, futur UNITÉ 2. Le verbe change

1. Observe.

• Les feuilles de l'arbre tombaient. (le verbe est au ....)

• Le jardinier les ramassera demain. (le verbe est au ....)

• Les branches sont nues ! (le verbe est au ....)

a) Souligne le verbe dans chacune de ces phrases.

b) Indique s'il est au passé, au présent ou au futur. ___/6

2. Observe le dessin puis entoure le verbe qui convient.

• Le poussin **est sorti / sortira** de l'œuf.

• Le chaton **mange / a mangé**.

• Le hamster **a dormi / dort**.

___/3

3. Recopie les trois phrases de cette lettre à l'endroit qui convient.

Madame,
Flora était malade hier.
Aujourd'hui elle va mieux.
Elle reviendra demain.
Mme Duchâteau

Présent : ....

Passé : ....

Futur : .... ___/3

4. Complète chaque phrase avec *hier*, *aujourd'hui* ou *demain*.

.... Marine reste chez elle. .... elle avait mal à la tête. .... elle a de la fièvre. Elle ira peut-être mieux .... ! ___/2

5. Écris une phrase au passé, au présent ou au futur en utilisant les mots de la liste.

L'année dernière – Aujourd'hui – L'année prochaine
je suis allé – je suis allée – je vais – j'irai

....

.... ___/6

score ___/20

UNITÉ 3. J'écris le son [o] **et le son** [ɔ]

1. Observe.

Au mois d'octobre, la classe de CE1 a visité un zoo. Les enfants ont vu toutes sortes d'animaux : un chameau, des singes, une tortue, des éléphants, un hippopotame et beaucoup d'oiseaux.

a) Souligne en vert les mots dans lesquels on entend le son [o].

b) Souligne en bleu les mots dans lesquels on entend le son [ɔ]. ___/5

2. Classe les mots de la liste dans le tableau à l'endroit qui convient. Attention aux intrus !

un fantôme – la peau – la hauteur – douce – gros – zéro – un seau – l'oiseau – un rond – un lavabo – aussitôt – chaud

Le son [o] s'écrit *o*	Le son [o] s'écrit *au*	Le son [o] s'écrit *eau*	Le son [o] s'écrit *ô*
....	....	....	....
....	....	....	....
....	....	....	....

___/5

3. Complète les mots avec *o*, *au* ou bien *eau*.

À la cantine, Samed a mangé des car...... ttes, du fr...... mage, une p...... mme et une g...... fre. Il a bu un grand verre d'...... . ___/5

4. Complète les légendes du dessin avec des mots contenant le son [o] ou le son [ɔ].

Puis écris une phrase avec l'un de ces mots.

.... ___/5

score ___/20

UNITÉ 4. J'écris le son [k] **UNITÉ 6. J'écris le son** [g]

1. Observe.

À l'école, les enfants ont fêté l'anniversaire de Chloé. Elle avait apporté un gâteau au chocolat et des clémentines. Le goûter était délicieux ! Chaque élève lui a fait un dessin et un gros bisou !

a) Souligne en vert les mots dans lesquels on entend le son [k].

b) Souligne en bleu les mots dans lesquels on entend le son [g]. ___/4

2. Classe les mots de la liste dans le tableau à l'endroit qui convient. Attention aux intrus !

un paquet – du chocolat – le karaté – un képi – le courrier – une équipe – une chorale – un sac – le tronc – l'écho – un liquide – le pouce

Le son [k] s'écrit *c*	Le son [k] s'écrit *k*	Le son [k] s'écrit *qu*	Le son [k] s'écrit *ch*
....	....	....	....
....	....	....	....
....	....	....	....

___/5

3. Complète les mots avec *g* ou *gu*.

Guillaume prépare ses ba......ages. Puis il va à la ......are prendre le train.
Il a réservé une place dans le wa......on numéro 3. Le voyage est long,
il sera fati......é à l'arrivée ! ___/4

4. Complète les légendes des dessins avec des mots contenant le son [g] ou le son [k].

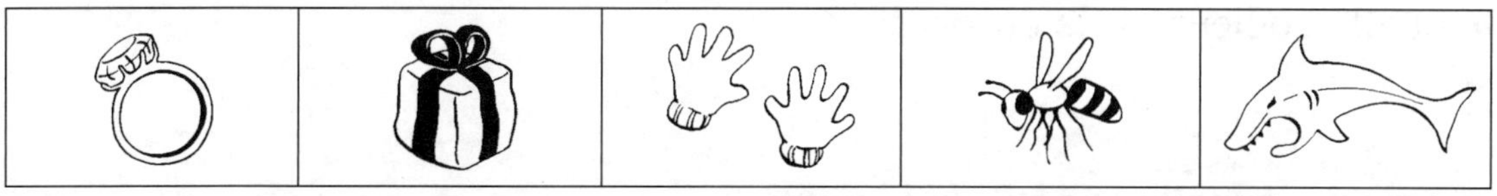

une .... un .... des .... une .... un ....

Puis écris une phrase avec l'un de ces mots.

.... ___/7

score ___/20

UNITÉ 5. **J'écris le son** [ʒ] UNITÉ 7. **J'écris le son** [s]

1. Observe.

Widad porte une belle ceinture rouge.
Camille a un gilet orange.
Morgan a mis des chaussures neuves.
Il fait attention à ne pas les abîmer.

a) Souligne en vert les mots dans lesquels on entend le son [ʒ].

b) Souligne en bleu les mots dans lesquels on entend le son [s]. ___/6

2. Barre l'intrus dans chaque liste.

- J'entends [s] : poisson – potion – glaçon – maison – addition.
- Le son [s] s'écrit *c* : facile – acide – douce – cassé – glacé.
- J'entends [ʒ] : sage – gentil – grognon – juste – agile.
- J'entends [ʒ] et [s] : sagesse – surgir – soigner – gesticuler. ___/4

3. Complète les mots avec *c*, *s*, *ss* ou *ç*.

- Pour Carnaval, ce gar......on s'est déguisé en prin......e.
- Son ami s'est déguisé en cha......eur.
- Sa ......œur a mis un co......tume de mon......tre. ___/3

4. Complète les mots avec *g* ou *j*.

- Erwan a découpé une ima......e de ......irafe.
- Benjamin a vu un pi......eon dans le ......ardin.
- Lucie a un perroquet qui sait dire « Bon......our ! »
- Au zoo, Nassim a vu des sin......es. ___/3

5. Réponds à chaque question en faisant une phrase.

- De quelle couleur est le citron ?

....

- Comment s'appelle le petit de la poule ?

.... ___/4

score ___/20

UNITÉ 2. **L'ordre alphabétique des mots** UNITÉ 3. **Le dictionnaire (1)**

1. Observe.

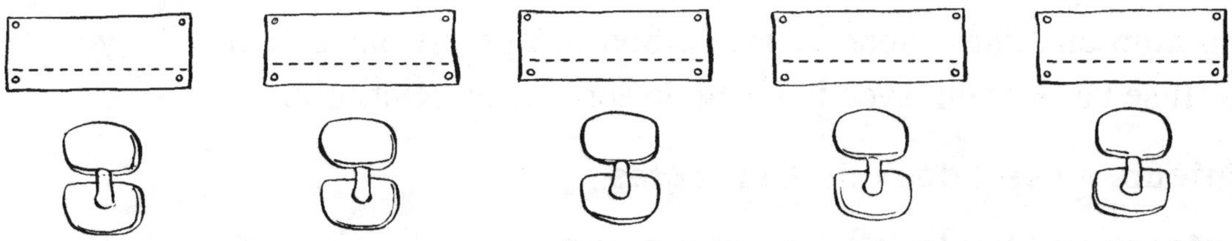

Recopie les prénoms de la liste au bon endroit pour que les étiquettes soient dans l'ordre alphabétique.

Camille – Zoé – Jibril – Brice – Nassim

___/5

2. Barre les séries de mots qui ne sont pas dans l'ordre alphabétique.

- assiette – cuillère – fourchette – verre.
- chaise – fauteuil – table – lit.
- grenier – cave – entrée – salon.
- fenêtre – porte – rideau – volet.

___/4

3. Complète chaque mot en gras avec la lettre qui convient pour que les mots de la liste soient dans l'ordre alphabétique.

- carton – maison – plafond – .....**ond**. (*f* / *r*)
- .....**eau** – chapeau – faux – manteau. (*p* / *b*)
- cou – fou – .....**ou** – pou. (*s* / *m*)
- demain – faim – .....**ain** – pain – train. (*m* / *b*)
- coin – foin – .....**oin** – moins – point. (*s* / *l*)

___/5

4. Pour écrire ce message secret, chaque lettre a été remplacée par celle qui est juste après dans l'alphabet. Récris le message avec les bonnes lettres.

OPVT TPNNFT MFT
DIBNQJPOT EF M'PSESF
BMQIBCFUJRVF !

NOUS S ....
....’ ....
.... !

___/6

score ___/20

UNITÉ 1. **Les noms communs et les noms propres**

1. Observe.

Rania a un chat qui s'appelle Ticha. Son pelage est blanc et il a les yeux verts. Il se bat souvent avec le chien de son voisin, Rintintin.

a) Entoure en vert deux noms propres.

b) Entoure en bleu trois noms communs. ___/4

2. Complète chaque phrase avec le nom commun ou le nom propre qui convient.

- Connais-tu la capitale de la .... ? (*pays / France*)
- C'est une grande ville qui s'appelle .... (*ville / Paris*)
- Dans cette .... on peut circuler en métro. (*ville / Paris*) ___/3

3. Complète ces titres de chansons avec le nom commun qui convient.

pont – vent – lune – navire

- Il était un petit ....
- Au clair de la ....
- Vive le .... !
- Sur le .... d'Avignon ___/4

4. Complète avec les noms communs ou les noms propres de ton choix.

- Mes deux meilleurs amis s'appellent ....
- Dans ma trousse, il y a ....
- Dans ma case, il y a ....
- Je suis né à .... ___/4

5. Écris une phrase pour répondre à chacune de ces questions.

- Comment s'appelle ton maître ou ta maîtresse ?

....

- Dans quelle ville ou village se trouve ton école ?

....

Dans chaque phrase que tu as écrite, souligne en vert les noms propres et en bleu les noms communs. ___/5

score ___/20

UNITÉ 2. **Le groupe nominal**

1. Observe.

Complète ces phrases avec le nom propre et les groupes nominaux qui conviennent.

- Sur le dessin, on voit Pablo et une fille qui s'appelle ....
- Pablo tient dans ses bras .... et .... ___/3

2. Souligne les déterminants et entoure les noms. Puis utilise ceux de ton choix pour écrire trois groupes nominaux.

fenêtre – la – ta – cheminée – chambre – mon – escalier – l' – lit – fauteuil – le – son

- ....
- ....
- .... ___/4

3. Souligne deux groupes nominaux dans chaque phrase.

- La maison de Samy est près de la gare.
- Ma tante habite dans un appartement.
- Dans le jardin de Coralie il y a une balançoire. ___/6

4. Complète chaque phrase avec le groupe nominal de ton choix.

- .... est un animal qui a quatre pattes.
- .... est un animal qui vit dans l'eau.
- .... pondent des œufs.
- .... poussent dans les jardins. ___/4

5. Écris une phrase pour répondre à cette question. Souligne dans ta réponse les groupes nominaux que tu as employés.

Quels sont tes animaux préférés ?

....

.... ___/3

score ___/20

UNITÉ 3. **Le féminin et le masculin des noms**

1. Observe.

Un élève a apporté un têtard à l'école. Il l'a trouvé dans une mare. Le maître a expliqué : « Ce têtard va devenir une grenouille ! »

a) Entoure en vert deux noms au féminin et leur déterminant.

b) Entoure en bleu deux noms au masculin et leur déterminant. ___/4

2. Complète chaque phrase avec le nom masculin ou féminin qui convient.

• L'hirondelle utilise de la .... et des brindilles pour construire son nid (*boue / bois*).

• Le pic vert creuse son nid dans le .... d'un arbre. (*branche / tronc*).

• Le coucou est un .... qui ne construit pas de nid. (*bête / oiseau*) ___/3

3. Écris le masculin ou le féminin de chaque nom. Barre le nom quand ce n'est pas possible.

• la lionne / ....
• une vache / ....
• la fleur / ....
• mon voisin / ....
• ton père / ....
• un client / ....

___/3

4. Recopie chaque mot en remplaçant *l'* par *un* ou par *une*. Tu peux t'aider de ton dictionnaire.

• l'éclair / ....
• l'ortie / ....
• l'hélice / ....
• l'otarie / ....

___/4

5. Entoure tous les noms qui ne changent pas d'orthographe quand on les met au masculin.

ma camarade – une vendeuse – la comédienne – une amie – une fleuriste – la boulangère – une dentiste

Puis écris une phrase en utilisant deux noms féminins de la liste. ___/6

....

score ___/20

UNITÉS 4 ET 5. Le singulier et le pluriel des noms (1 et 2)

1. Observe.

Regarde ce bateau et ce radeau ! Tu peux facilement les fabriquer.
Pour cela, il te faut la coquille d'une noix,
des allumettes, de la colle et de la pâte à modeler.
Une feuille servira pour la voile.

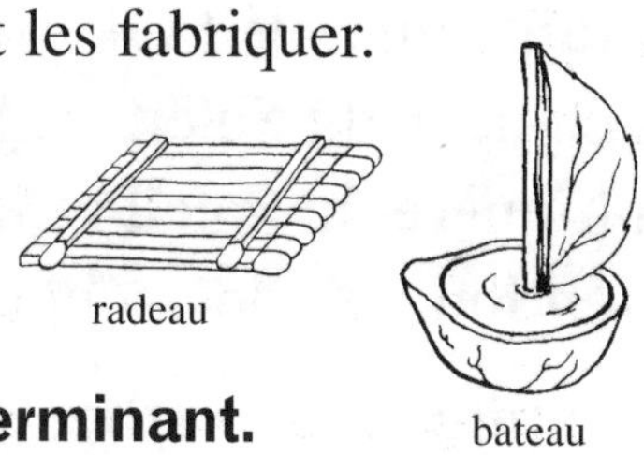

a) Entoure tous les noms au singulier et leur déterminant.

b) Récris deux d'entre eux au pluriel.

• .... • .... ___/6

2. Complète chaque phrase avec le nom singulier ou pluriel qui convient.

• Le hérisson a une .... très petite. *(oreilles / queue)*
• Ses .... lui servent à se défendre. (*museau / piquants*)
• Le hérisson mange surtout des .... de terre. (*vers / pomme*) ___/3

3. Complète chaque phrase avec les déterminants qui conviennent.

• Lily a acheté .... gâteaux à .... pâtisserie.
• Martin a préparé .... tarte au chocolat pour .... frères.
• Asia a cueilli .... fraises pour .... ami. ___/3

4. Complète chaque phrase avec le nom entre parenthèses que tu laisseras au singulier ou que tu écriras au pluriel. Attention au déterminant !

• Laura a attrapé des .... (*pou*)
• Elle s'est fait couper les .... (*cheveu*)
• Son père a acheté un shampoing spécial à la .... (*pharmacie*)
• Il ne faut pas qu'elle prête son .... à sa sœur. (*bonnet*) ___/4

5. Récris chaque mot en utilisant le déterminant indiqué. Puis écris une phrase en utilisant deux de ces mots.

• un hibou / deux ....
• des oiseaux / un ....
• l'arbre / ces ....
• une branche / les ....

.... ___/4

score ___/20

UNITÉ 1. Les pronoms de la conjugaison **UNITÉ 2. L'infinitif du verbe**

1. Observe.

La taille du Soleil : Il est 109 fois plus grand que la Terre !
La chaleur du Soleil : Elle chauffe notre planète.
La lumière du Soleil : Elle fait pousser nos plantes !
Attention ! Tu dois toujours protéger tes yeux et ta peau du Soleil !

a) Souligne les verbes conjugués et entoure leur pronom.

b) Recopie les verbes du texte qui sont à l'infinitif.

.... ___/3

2. Relie chaque verbe conjugué à son infinitif.

Elle crie • Tu cours • Vous jonglez • Ils jouent •

• jongler • jouer • courir • crier

___/4

3. Les verbes de ces phrases se sont mélangés. Recopie les phrases en plaçant les verbes au bon endroit.

Nous aimez à la cantine. Tu mangeons chez toi ? Je déjeunes le poisson. Vous déteste les frites ?

....

.... ___/4

4. Complète chaque phrase avec le pronom qui convient.

.... ai visité un aquarium avec ma classe. .... était immense. .... avons vu des tortues de mer. Le maître avait sa caméra : .... a filmé les requins. .... ont des mâchoires immenses et .... ai eu un peu peur ! ___/3

5. Récris cette série de conseils en remplaçant les verbes conjugués par leur infinitif, comme dans l'exemple.

Conseils pour arriver en forme à l'école :

- Tu vas au lit tôt. *Aller au lit tôt.*
- Tu passes une bonne nuit. ....
- Tu prends un bon petit déjeuner. ....
- Tu laisses la télévision éteinte ! ....

___/6

score ___/20

UNITÉ 2. Les sons [t], [d], [p], [b] **UNITÉ 3. Les sons** [k], [g], [s], [z], [ʃ], [ʒ]

1. Observe.

La tortue de Colin a disparu. Il la cherche jusqu'au fond du jardin mais ne la trouve pas. Il pose une feuille de salade devant la porte en se disant : « Cette gourmande finira bien par revenir ! » Puis il entre dans la maison et là, que voit-il ? Sa tortue, tranquillement endormie sous le bureau !

a) Souligne en bleu un mot dans lequel on voit la lettre *d* mais dans lequel on n'entend pas le son [d]**.**

b) Souligne en noir un mot qui contient deux fois le son [t]**.**

c) Souligne en vert un mot qui contient deux fois la lettre *t* mais une seule fois le son [t]**.**

d) Complète chaque colonne du tableau avec un mot du texte.

J'entends [s]	J'entends [z]	J'entends [ʃ]	J'entends [ʒ]	J'entends [k]	J'entends [g]
....	....	....	....	....	....

___/6

2. Entoure les mots qui conviennent pour compléter chaque phrase.

- La **poule / boule** a pondu un œuf.
- La biche fait un **pond / bond** et disparaît dans le **bois / pois**.
- Une souris trotte sur la **poudre / poutre** du grenier.

___/4

3. Complète les mots avec les lettres qui conviennent.

- ***c* ou *g*** : un ......adre – une ......lace – une ......ourde – une ......rimace.
- ***s* ou *z*** : la mai......on – du ga......on – ......éro – une ro......e.
- ***g* ou *ch*** : c'est étran......e – une bran......e – la dou......e – c'est rou......e.

___/6

4. Souligne dans chaque phrase les deux mots qui ne sont pas à leur place.

- Après avoir pris un bon pain, Lily va acheter une baguette de bain.
- Raphaël a déballé son gâteau d'anniversaire et mangé son cadeau.

___/2

5. Écris une phrase contenant ces deux mots.

cache – cage

....

___/2

score ___/20

UNITÉ 4. **Les mots en *ro/or*, *la/al*...**

1. Observe.

La lave des volcans

La lave brûlante et liquide qui sort d'un volcan s'écoule sur le sol. Elle brûle tout sur son passage, même les routes et les maisons ! Elle peut parcourir des centaines de kilomètres avant de s'arrêter.

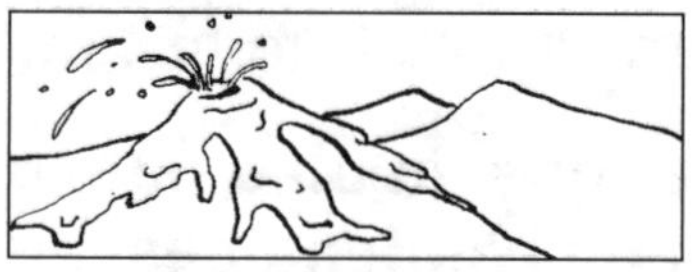

Sa température est très élevée : elle peut être dix fois plus chaude que de l'eau bouillante !

a) Souligne en bleu deux mots dans lesquels on voit le groupe de lettres *ol*.

b) Souligne en noir un mot dans lequel on voit le groupe de lettres *lo*.

c) Souligne en vert un mot dans lequel on voit à la fois *ra* et *ur*. ___/6

2. Dans chaque couple de phrases, entoure celle dont tous les mots sont correctement écrits.

- Le cheval glaope. / Le cheval galope.
- Le dormadaire est endormi. / Le dromadaire est endormi.
- La tortue trotte. / La trotue trotte. ___/3

3. Complète les mots avec le groupe de lettres qui convient.

- ***or* ou *ro*** : le t......ttoir – t......du – la s......tie – acc......cher – p......ter – b......che.
- ***ar* ou *ra*** : un d......peau – un pa......chute – le c......naval – de la mout......de – c'est g......ve – un c......net. ___/6

4. Écris la légende du dessin en t'aidant des mots de la liste.

arbre – forêt – lave – volcan – brûlante – s'approcher – brûler

....

....

....

.... ___/5

score ___/20

UNITÉ 1. **Les mots dérivés (1)**
UNITÉ 2. **Les mots dérivés (2) : les préfixes** UNITÉ 3. **Les mots dérivés (3) : les suffixes**

1. Observe.

a) Souligne dans les bulles deux mots formés avec le préfixe *dé-*. Entoure le mot simple dans chacun d'eux.

b) Recopie un mot formé à partir du mot simple *colorier* et entoure son suffixe ou son préfixe.

.... ___/3

2. Pour chaque mot simple, entoure le mot dérivé qui convient.

- coupe : *coupure / couture*
- patient : *partir / patience*
- parfait : *parfois / parfaitement*
- lait : *laitier / laide*

___/2

3. Utilise les préfixes *dé-* ou *re-* pour former tous les mots dérivés possibles à partir de ces verbes.

couper – former – commencer – boucher – conduire

....

.... ___/4

4. Dans chaque phrase, complète le mot dérivé avec le suffixe ou le préfixe qui convient : *in-*, *im-* ou *-ment*.

- Il est ....poli.............. d'entrer dans la classe sans frapper.
- « Puis-je sortir, s'il vous plaît ? » demande ....poli.............. un élève.
- Installe-toi ....confortable.............. dans ce fauteuil pour lire !
- Cette chaise est très ....confortable.............. !

___/4

5. Forme trois mots dérivés avec ces mots simples : *agréable – heureuse – pauvre*. Utilise les préfixes *dés-*, *in-*, *mal-* ou les suffixes *-ment*, *-té*.

.... – .... – ....

Puis écris une phrase avec l'un de ces mots dérivés.

.... ___/7

score ___/20

UNITÉ 1. Le groupe nominal s'agrandit : l'adjectif qualificatif
UNITÉS 2 ET 3. L'adjectif : masculin et féminin / singulier et pluriel

1. Observe.

n° 1

n° 2

Entoure en bleu les adjectifs qui permettent de décrire le blouson n° 1 et en vert ceux qui permettent de décrire le blouson n° 2. Attention aux intrus !

noir – gentil – rouge – blanc – neuve – neuf – sale – usé – grand – petit – gris – tordu

___/4

2. Souligne le ou les adjectifs dans chaque GN.

un grand bateau blanc – un camion bruyant – un joli vélo – une splendide voiture ancienne – une moto puissante et rapide.

___/4

3. Récris la phrase en ajoutant les adjectifs entre parenthèses puis complète le dessin.

Sur le tapis, il y a un ballon, une voiture et une corde à sauter. (*grande, petite, vert, orange*)

....

....

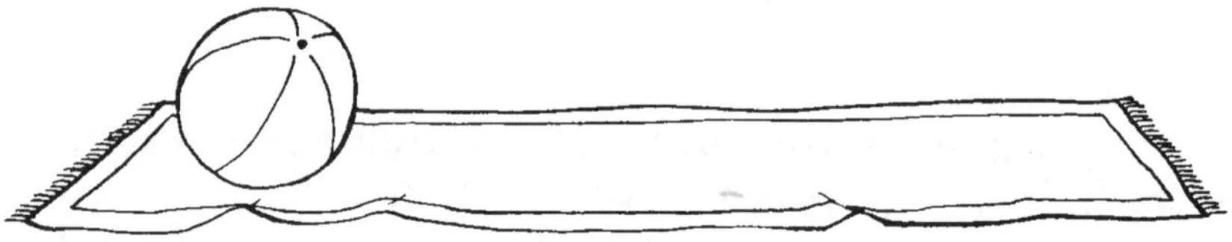

___/4

4. Récris les adjectifs au singulier et recopie-les dans la bonne liste.

originales – faux – grises – fatiguées – gaies – neufs – doux – frais

....

Masculin : ....

Féminin : ....

___/4

5. Récris chaque GN en ajoutant deux adjectifs de la liste.

petit – timide – blanche – gros – grande – rusé – jeune

- une fille : ....
- un renard : ....

___/4

score ___/20

UNITÉS 4 ET 5. L'accord de l'adjectif dans le groupe nominal : masculin / féminin ; singulier / pluriel

1. Observe.

Près de l'école, il y a une belle maison entourée de hauts murs. Quand son grand portail est ouvert, on aperçoit l'immense jardin qui entoure la maison.

Recopie l'adjectif de chaque groupe nominal souligné et écris s'il est au masculin ou au féminin, au singulier ou au pluriel.

- .... : ....
- .... : ....
- .... : ....
- .... : ....

___/4

2. Entoure l'adjectif qui convient pour compléter chaque GN.

- un film **intéressant / intéressante**
- une **nouvelles / nouvelle** émission
- de **beau / beaux** documentaires
- d'**horribles** / d'**horrible** histoires

___/4

3. Recopie chaque GN en ajoutant l'adjectif de la liste qui convient

vieux – rouges – brillant – anciennes

- deux belles lampes : ....
- une paire de sabots : ....
- un petit collier de perles : ....
- un bougeoir en métal : ....

___/4

4. Récris chaque phrase en remplaçant le nom souligné par le nom entre parenthèses. Attention aux accords !

- Lisia a déchiré son pantalon vert. (*jupe*)

....

- Léa porte des chaussures neuves. (*pull*)

....

- Dans ce nouveau magasin, on vend des vêtements. (*boutiques*)

....

___/3

5. Récris la phrase en complétant les GN soulignés par les adjectifs de ton choix.

Paula porte une jupe, un pull et un foulard.

....

___/5

score ___/20

UNITÉ 6. **Les phrases affirmatives et négatives**

1. Observe.

Le tatou

- Sa carapace le protège en cas de danger.
- Il n'a pas une très bonne vue.
Ses yeux ne craignent rien : ils sont protégés par de longs cils.
- Il a un très bon flair.

Le sais-tu ?

Pour traverser un étang, c'est simple : le tatou ne respire plus pendant 5 ou 10 minutes. Il peut ainsi nager ou marcher au fond de l'eau.

a) Souligne les phrases négatives.

b) Transforme l'une d'elles en phrase affirmative et écris-la :

.... ___/5

2. Complète chaque phrase négative avec *ne… pas*, *n'… jamais* ou *n'… rien*.

Quel silence, on .... entend .... ! Les élèves .... bavardent .... Ils .... rient .... Ils .... remuent .... sur leur chaise. La classe .... a .... été aussi calme ! ___/5

3. Récris chaque phrase en la commençant par « Non… ». Utilise *ne (n')… pas*, *ne (n')… plus* ou *ne… rien*. Attention, il y a plusieurs possibilités !

- Solal a faim. ....
....
- Mourad mange. ....
....
- Il y a du pain dans le placard. ....
.... ___/6

4. Réponds à ces questions par des phrases négatives.

- Est-ce que l'on peut faire du roller dans la classe ?
....
- Peut-on parfois venir à l'école en pyjama ?
.... ___/4

score ___/20

UNITÉ 1. Le présent des verbes en *-er*
UNITÉS 2, 3 ET 4. Le présent des verbes *être*, *avoir* et *aller*

1. Observe.

Le bébé kangourou

À sa naissance, le bébé kangourou a la taille d'un grain de raisin ! Il se déplace jusqu'à la poche de sa mère. Il va y rester bien au chaud ! C'est là qu'il tète et grandit. Vers l'âge de 7 mois, il quitte enfin la poche de sa mère.

a) Entoure en bleu les verbes en *-er* conjugués au présent et en vert le verbe *avoir* conjugué au présent.

b) Souligne la phrase dans laquelle il y a le verbe *aller* au présent. ___/5

2. Relie chaque verbe conjugué à son infinitif.

Nous allons •	• **avoir** •	• Ils ont
Tu es •	• **allonger** •	• Nous avançons
Ils vont •	• **aller** •	• Tu as
Vous allongez •	• **être** •	• J'avance
	• **avancer** •	

___/4

3. Classe les verbes de la liste dans le tableau. Attention aux intrus !

vous êtes – nous lavons – il a – je suis – tu essuies – j'ai – nous suivons – ils sont – ils ont.

Verbe *être* au présent	Verbe *avoir* au présent
....	....
....	....

___/3

4. Complète le texte avec les verbes entre parenthèses au présent.

Les élèves .... un documentaire sur les lionceaux. (*regarder*) Après le film, la maîtresse .... des questions. (*poser*) « Pourquoi les lionceaux ....-ils besoin de rester à l'abri, à leur naissance ? » (*avoir*) « C'est parce qu'ils .... petits et aveugles », répond un élève. (*être*) ___/4

5. Réponds à cette question en utilisant les verbes *être* et *aller*.

Où vas-tu quand tu es malade ?

Quand .... je ....

.... ___/4

score ___/20

UNITÉ 1. **Les mots en *dr*, *tr*, *cr*, *gr*...**

1. Observe.

Comme c'est étrange !
Une brebis broutant le brouillard
Comme c'est étrange !
Une crevette crachant des crapauds
Comme c'est étrange !
Mais un dragon dressé sur un drakkar
Rien de plus normal !

a) Entoure les mots contenant *br*.

b) Recopie les mots contenant *cr*.

....

c) Recopie les mots contenant *dr*.

.... ___/6

2. Entoure les mots qui conviennent pour compléter chaque phrase.

- Rémi a vu une jolie **proche / broche** dans la vitrine du bijoutier.
- Une bonne odeur de pain **frais / vrai** sort de la boulangerie.
- Estelle a acheté des **prunes / brunes** et du sucre en **poutre / poudre**. ___/4

3. Complète les mots avec les lettres qui conviennent.

- ***cr* ou *gr*** : un é.....an – la .....oûte – le .....enier – un a.....iculteur.
- ***fr* ou *vr*** : .....ôler – cou.....ir – .....iser – .....otter.
- ***br* ou *pr*** : .....atique – .....uyant – .....utal – .....illant. ___/6

4. Écris la suite de la poésie avec des mots de la liste. Attention, les mots d'un même vers doivent contenir le groupe de lettres en gras.

- crocodile – crayon – croissant – croquette – croûton – craie
- grand-mère – grenouille – grille-pain – grizzli – grelot

Une **br**ebis **br**outant le **br**ouillard
Comme c'est étrange !
.... **cr**oquant ....
Comme c'est étrange !
.... **gr**iffant ....
Comme c'est étrange ! ___/4

score ___/20

UNITÉ 2. **J'écris le son** [e] UNITÉ 3. **J'écris le son** [ɛ]

1. Observe.

Les guêpes

Les guêpes sont des insectes.
Chaque année, elles construisent un nouveau nid dans lequel elles pondent leurs œufs puis élèvent leurs petits. Pour fabriquer leur nid, elles utilisent une espèce de carton qu'elles fabriquent en mâchant du bois, mélangé à leur salive !

Complète chaque colonne du tableau avec trois mots du texte :

J'entends [e]	J'entends [ɛ]
....	....
....	....
....	....

___/6

2. Complète les mots avec *é*, *è* ou *ê*.

un ......colier – du caf..... – une p......che – la rivi......re – une ......chelle – son fr......re – l'électricit...... – une b......te.

___/4

3. Complète chaque phrase avec un mot contenant le son [ɛ] et entoure les lettres qui forment ce son.

- Quand il fait sombre, il faut allumer la ....
- Un oiseau se sert de ses .... pour voler.
- L'.............................. contient 26 lettres.
- Un cauchemar est un .... qui fait peur.

___/4

4. Complète les légendes des dessins avec des mots contenant le son [e] ou le son [ɛ].

un ....

la ....

une ....

la ....

Écris une phrase avec l'un de ces mots.

....

___/6

score ___/20

UNITÉ 1. **Le dictionnaire (2)**

1. Observe.

gourmand adjectif masculin.
gourmande adjectif féminin. Qui aime bien manger.
gourmandise nom féminin. Défaut de quelqu'un qui ne peut pas s'empêcher de manger.
gousse nom féminin. Enveloppe allongée contenant des graines.

goût nom masculin. Ce qui permet de sentir si un aliment est sucré ou salé, par exemple.
goûter verbe. Boire ou manger un peu pour connaître le goût de quelque chose.
goûter nom masculin. Petit repas de l'après-midi.

a) Souligne en vert l'adjectif féminin qui se trouve dans cet extrait de dictionnaire.

b) Souligne en bleu deux noms masculins.

c) Recopie le mot qui peut être un verbe ou un nom : ....

___/4

2. Complète avec les mots de la liste. Attention aux intrus !

dangereux – boulanger – cacher – étagère – longue – mouchoir

- .... : verbe
- .... : nom féminin
- .... : adjectif masculin
- .... : adjectif féminin

___/4

3. Écris pour chaque mot les indications qui conviennent : *nom*, *adjectif*, *masculin*, *féminin*.

- couverture : ....
- lit : ....
- épaisse : ....
- immense : ....

___/4

4. Complète cet extrait de dictionnaire.

b .... nom féminin. Anneau que l'on porte au doigt.
baguette .... féminin. 1. Petit bâton mince. 2. Pain long et mince.
se **baigner** ....
Se tremper dans l'eau pour se laver ou nager.

baignoire ....
Grand récipient qui sert ....
....
bal ....
....
balance ....
Instrument qui sert à peser.

___/8

score ___/20

UNITÉS 2 ET 3. Pour dire le contraire (1 et 2)

1. Observe.

Léo et Léon sont frères jumeaux. Ils se ressemblent comme deux gouttes d'eau mais ils n'ont pas du tout le même caractère ! Léo est travailleur mais Léon est paresseux ! Léon est obéissant, mais Léo est désobéissant ! Léo est malheureux quand il n'y a pas d'école alors que Léon, lui, en est tout heureux ! Vraiment, Léo et Léon ne se ressemblent pas !

a) Entoure en bleu le contraire de l'adjectif *paresseux*.

b) Recopie deux adjectifs contraires formés à partir de « préfixes ».

....

c) Souligne dans le texte la phrase qui veut dire le contraire de *Léo et Léon se ressemblent*. ___/4

2. Utilise les préfixes *mal-* ou *dé-* pour former les contraires.

- habile / ....
- coiffer / ....
- placer / ....
- honnête / .... ___/4

3. Complète chaque phrase avec le contraire de l'adjectif souligné. Attention aux intrus !

bruyant – turbulent – lentement – étroite – facile – interdit

- La rue n'est pas large, elle est ....
- Le stationnement n'est pas autorisé, il est ....
- Ce quartier n'est pas calme, il est ....
- Les voitures ne roulent pas vite, elles roulent .... ___/4

4. Écris le portrait de Monsieur Patate sur le modèle de celui de Monsieur Poireau. Remplace les mots en gras par leur contraire. Aide-toi du dessin.

Monsieur Poireau est très **grand** et très **maigre**.
Il a les cheveux **frisés**.
Il porte un pantalon trop **court**.

Monsieur Patate est très .... et ....

Il a ....

Il porte .... ___/8

score ___/20

UNITÉ 4. **Les mots dérivés (4) : les familles de mots**

1. Observe.

À la piscine
Pas de plongeon dans le petit bain !
Un seul plongeur à la fois sur le plongeoir !
Douche obligatoire pour tous les baigneurs !
Baignade interdite sous le plongeoir.

a) Souligne deux mots de la famille de *bain*.

b) Recopie trois mots de la famille de *plonger*.

.... ___/5

2. Forme deux familles de mots avec les mots de cette liste.

habiller – habit – habiter – habillement – inhabitée – habillage – habitant

- ....
- .... ___/2

3. Barre l'intrus dans chaque famille de mots.

- propreté – proprement – propriétaire – propre.
- éclairer – éclairage – éclaircir – éclater.
- grossir – groseille – grosseur – grosse. ___/3

4. Complète chaque famille de mots par le mot simple à partir duquel elle a été formée.

- .... : caissière – encaisser – encaissement.
- .... : rougir – rougeur – rougeoiement.
- .... : fleurir – fleurissement – défleurir.
- .... : geler – dégeler – dégel – congeler. ___/4

5. Écris le texte de chaque pancarte en utilisant un mot de la même famille que le mot en gras, comme dans l'exemple.

Interdiction de marcher sur la pelouse	Le	....
Il est **interdit** de marcher sur la pelouse.	**Stationner** sur le trottoir est interdit.	Il est **défendu** de bavarder !

___/6

score ___/20

UNITÉ 1. Phrases réduites, phrases étendues UNITÉ 2. Le sujet et le verbe de la phrase

1. Observe.

a) Entoure la phrase étendue qui apporte le plus de renseignements sur le dessin.

Des enfants visitent avec leur maître un château fort perché sur une colline.

Un groupe d'enfants est en train de faire la visite d'un très beau château.

b) Réduis la phrase que tu as entourée.

....

c) Dans la phrase réduite, souligne le sujet en bleu et le verbe en vert. ___/6

2. Récris chaque phrase en la réduisant.

Un minuscule lézard vert s'enfuit entre les herbes.

• ....

Entre les branches du tilleul, on aperçoit un nid de pie.

• .... ___/4

3. Dans chaque phrase souligne le verbe en vert et le sujet en bleu.

Le tonnerre gronde. Un éclair jaillit. Le ciel s'assombrit. La pluie tombe brusquement. ___/4

4. Complète chaque phrase en utilisant le sujet et le verbe de ton choix. Aide-toi de la liste.

la maîtresse – un garçon – le ballon – parle – tombe – arrive – s'amuse

• .... dans la cour de récréation.

• .... avec une grande fille. ___/6

score ___/20

UNITÉ 3. Le groupe sujet (GS) et le groupe verbal (GV)

1. Observe.

Le lionceau

Le petit du lion s'appelle le lionceau.

À sa naissance

Le lionceau est aveugle.

Il ne sait pas marcher. Au bout de quelques jours, le lionceau ouvre les yeux.

Vers l'âge de 3 semaines

Le lionceau apprend à marcher.

Le sais-tu ?

Le lionceau ronronne, comme un chat !

Dans chaque phrase soulignée, entoure le GS en bleu et le GV en vert. ___/4

2. Relie chaque GS au GV qui convient.

Les skieurs •	• siffle la fin du match.
Les nageurs •	• glissent sur la piste.
L'arbitre •	• plongent dans la piscine.
Le judoka •	• enfile son kimono.

___/4

3. Sépare chaque phrase en deux groupes. Indique sous chacun d'eux s'il s'agit d'un GS ou d'un GV.

Trois petits lapins bondissent dans la clairière.

....

Un cerf s'enfuit.

....

La chouette s'envole dans la nuit.

....

Le renard bondit sur un lièvre.

.... ___/8

4. Complète chaque phrase avec le GV de ton choix.

- Une petite voiture rouge ....
- Un gros camion .... ___/4

score ___/20

UNITÉS 4 ET 5. **Le groupe sujet (1 et 2)**

1. Observe.

Julien a beaucoup de livres sur les dinosaures. Ces animaux étranges l'intéressent énormément. Il sait tout sur eux ! Sa chambre est même décorée avec des posters de dinosaures ! Ce garçon deviendra peut-être un grand spécialiste des dinosaures plus tard !

a) Recopie deux GS composés d'un groupe nominal.

....

b) Souligne un GS composé d'un nom propre.

c) Recopie la phrase soulignée en remplaçant son GS par un pronom.

.... ___/6

2. Souligne le GS de chaque phrase et indique si c'est un nom propre, un pronom ou un groupe nominal.

- Hannah a un joli sac de sport. (GS = ...)
- Il est violet et rose. (GS = ...)
- Elle l'utilise pour aller à son cours de judo. (GS = ...)
- Sa meilleure amie a le même sac qu'elle ! (GS = ...) ___/4

3. Récris chaque phrase en remplaçant son GS par un pronom.

- Cette maison est abandonnée. ....
- Les volets sont fermés. ....
- Le portail est ouvert. ....
- Des fleurs poussent dans l'allée. .... ___/4

4. Écris deux phrases pour expliquer ce que font deux des enfants sur le dessin.

Emploie un GS composé d'un nom propre dans la première phrase et un GS composé d'un GN dans la seconde.

- ....
- .... ___/6

score ___/20

UNITÉ 1. Le futur des verbes en *-er*
UNITÉS 2, 3 ET 4. Le futur des verbes *être* et *avoir*

1. Observe.

Alban fêtera son anniversaire la semaine prochaine. Il a envie d'inviter tous ses amis. Ils seront très nombreux pour faire la fête ! Demain, il préparera des gâteaux. Il achètera aussi des bougies.

Recopie chaque verbe souligné, écris son infinitif et le temps auquel il est conjugué : *présent* ou *futur*.

- .... : ....
- .... : ....
- .... : ....
- .... : ....
- .... : ....

___/5

2. Complète chaque phrase avec le verbe entre parenthèses au futur.

- Nous .... chez nos cousins dimanche. (*déjeuner*)
- Tu .... invité chez moi. (*être*)
- Elles .... une surprise pour leur papa. (*organiser*)
- J' .... un beau cadeau ! (*avoir*)
- Il .... un film avec nous. (*regarder*)

___/5

3. Complète avec le bon verbe au futur : *être* ou *avoir*.

- Quand je .... grande, je passerai mon permis de conduire.
- Est-ce que vous .... chez vous demain ?
- Tu .... bientôt un vélo neuf !
- Est-ce qu'ils .... prudents en traversant la route ?

___/4

4. Récris les phrases en conjuguant leur verbe au futur.

Exemple : Être plus sage ce soir. → *Je serai plus sage ce soir.*

Prêter mes rollers à mon frère mercredi. – Ranger ma chambre tout à l'heure. – Avoir de meilleures notes le mois prochain.

- ....
- ....
- ....

___/6

score ___/20

UNITÉ 1. **J'écris le son [ɑ̃] et le son [ɔ̃]**

1. Observe.

La maman des poissons elle a l'œil tout rond
On ne la voit jamais froncer le sourcil
Ses petits l'aiment bien, elle est bien gentille
Et moi je l'aime bien avec du citron
La maman des poissons elle est bien gentille !

Bobby Lapointe, « La maman des poissons »,
Chanson Bricole, Christian Pirot éditeur.

a) Recopie tous les mots contenant le son [ɑ̃] et entoure les lettres qui forment ce son.

....

b) Recopie tous les mots contenant le son [ɔ̃] et entoure les lettres qui forment ce son.

.... ___/4

2. Classe les mots de la liste dans le tableau à l'endroit qui convient. Attention aux pièges et aux intrus !

fondre – accident – camion – pompier – incendie – flamme – danger – sirène – ambulance

Le son [ɑ̃] s'écrit *an*	....
Le son [ɑ̃] s'écrit *en*	....
Le son [ɑ̃] s'écrit *am*	....
Le son [ɔ̃] s'écrit *on*	....
Le son [ɔ̃] s'écrit *om*	....

___/5

3. Complète chaque mot avec *an*, *en*, *on* ou *om*.

Une pl.......che – un ch.......gement – l'.......cle – une or.......ge – un mout....... – g.......til – une p.......pe – ....core – c.......bien – v.......dredi ___/5

4. Écris deux phrases. Chacune doit contenir trois mots de la liste.

blond – enfant – garçon – grand – lentement – rapidement – dans – sur – descend – monte

- ....
- .... ___/6

score ___/20

UNITÉ 2. **J'écris le son [ɛ̃] et le son [wɛ̃]**

1. Observe.

Qui a faim ?
Pour le lapin
Un brin de thym
Pour le poulain
Un brin de foin
Pour le chien
Un morceau de pain
Pour Merlin
Des grains de raisin
Pour les coquins
Rien de rien !

Corinne Albaut, D. R.

a) Souligne tous les mots contenant le son [ɛ̃].

b) Recopie le mot qui contient le son [wɛ̃] : .... ___/3

2. Complète chaque liste avec des mots du texte.

- Le son [ɛ̃] s'écrit *in* : ....
- Le son [ɛ̃] s'écrit *ain* : ....
- Le son [ɛ̃] s'écrit *en* : .... ___/3

3. Complète chaque mot avec *in*, *im*, *ain*, *ein* ou *oin*.

le mat...... – un b...... – une ......vitation – un ......perméable – c'est pl...... – c'est p......tu – une p......ce – c'est ......possible. ___/4

4. Complète les légendes des dessins avec des mots contenant le son [ɛ̃].

un .... le .... du .... de la .... ___/4

5. Écris deux phrases avec deux mots de l'exercice 4.

- ....
- .... ___/6

score ___/20

UNITÉ 3. **J'écris le son** [j]

1. Observe.

Le papillon

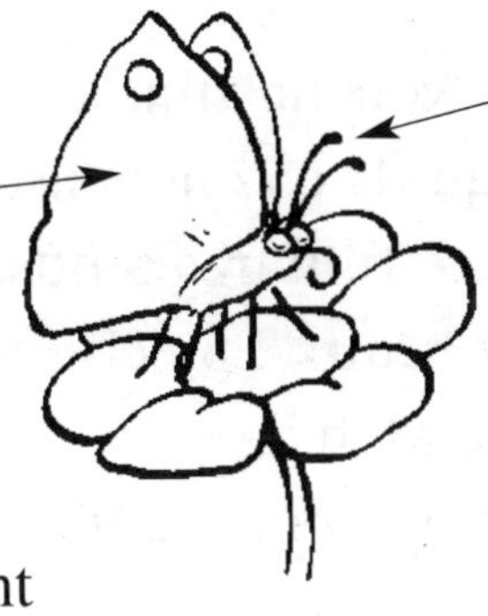

Les ailes
Le papillon les ouvre pour voler ou se chauffer au soleil. Elles sont recouvertes de fines écailles, très fragiles qui restent sur nos doigts, comme de la poussière, si on les touche !

Les antennes
Elles sont bien utiles au papillon : il les utilise pour sentir les odeurs et se diriger en vol.

a) Entoure tous les mots contenant le son [j].

b) Recopie :

deux mots dans lesquels [j] **s'écrit** ***i*** **:**

• .... • ....

deux mots dans lesquels [j] **s'écrit** ***ill*** **:**

• .... • .... ___/5

2. Complète chaque mot avec *ill*, *il*, *y* ou *i*.

un cra.......on – une fam.......e – merve.......eux – un conse....... – janv.......er ___/5

3. Complète avec des mots contenant le son [j].

- Pour se réveiller le matin, Siam utilise un r...............
- Quand elle va faire des courses, elle emporte un p...............
- Pour partir en vo.............. elle prend sa valise.
- Pour lire, elle s'installe confortablement dans un f...............

___/4

4. Réponds aux questions par une phrase dans laquelle tu emploieras un mot contenant le son [j]. Souligne ce mot.

- Comment s'appelle l'animal qui rugit et dont le petit est le lionceau ?

....

- Quelle partie de ton corps te permet d'entendre ?

.... ___/6

score ___/20

UNITÉ 1. **Les synonymes**

1. Observe.

Les élèves de CE1 sont allés voir un film au cinéma. De retour en classe, leur maître leur demande ce qu'ils en ont pensé :
– Moi, dit Emma, j'ai trouvé ce film très **amusant**.
– Les décors étaient vraiment **beaux** ! précise Sam.
– J'ai **adoré** la fin ! s'exclame Mehdi.
– Moi, bougonne Igor, je n'ai pas aimé ce film, il était trop **bizarre** !

Recopie chaque mot en gras et écris un synonyme qui pourrait le remplacer dans le texte.

- .... / .... • .... / ....
- .... / .... • .... / .... ___/4

2. Complète chaque couple de synonymes avec le mot entre parenthèses qui convient.

- laver / .... (*nettoyer / salir*)
- bousculer / .... (*battre / pousser*)
- mouillé / .... (*humide / gluant*)
- extraordinaire / .... (*simple / incroyable*) ___/4

3. Remplace le verbe *prendre* par un synonyme.

- Veux-tu **prendre** du thé ? / Veux-tu .... du thé ?
- Peux-tu **prendre** du pain chez le boulanger ? Peux-tu .... du pain chez le boulanger ?
- Il faut **prendre** ce médicament avec de l'eau. Il faut .... ce médicament avec de l'eau. ___/6

4. Écris deux phrases pour répondre à la question en utilisant deux verbes et deux adjectifs synonymes. Aide-toi du dessin.

Que fait ce garçon ?

- Il ....
- Il .... ___/6

score ___/20

UNITÉ 2. **Les homonymes**

1. Observe.

L'ogre Patibulator a une faim sans fin ! Il peut dévorer en un seul repas cent cinquante coqs rôtis, quatre douzaines d'œufs à la coque, une tonne de thon et… même ton goûter !

Trouve quatre couples d'homonymes dans le texte. Recopie-les.

- .... / ....
- .... / ....
- .... / ....
- .... / ....

___/4

2. Forme quatre couples d'homonymes avec les mots de la liste. Attention aux intrus !

mal – mais – mot – mou – malle – mur – moue – molle – maux – mûre

- .... / ....
- .... / ....
- .... / ....
- .... / ....

___/4

3. Trouve le couple d'homonymes qui répond à chaque devinette.

- Si je suis un nom féminin, je désigne ce qui permet au vélo de rouler. Mais si je suis un adjectif masculin, je désigne une couleur de cheveux :
Réponse : .... / ....
- Si je finis par *t*, je désigne la couleur de l'herbe. Mais si je finis par *s*, je désigne une ligne dans un poème :
Réponse : .... / ....

___/4

4. Voici deux couples d'homonymes : *mère / mer – verre / ver*. Recopie chaque homonyme à côté de sa définition. Tu peux t'aider de ton dictionnaire.

- .... : synonyme de *maman*.
- .... : petit animal sans pattes au corps allongé.
- .... : grande étendue d'eau.
- .... : récipient utilisé pour boire.

___/4

5. Écris deux phrases contenant chacune un couple d'homonymes de l'exercice 4. Aide-toi des définitions.

- mère / mer : ....
- verre / ver : ....

___/4

score ___/20

UNITÉ 1. **L'accord du verbe avec le sujet (1)**

1. Observe.

Pourquoi a-t-on des petits points sur la langue ?
Notre langue <u>est</u> recouverte de petits points. Ces petits points <u>s'appellent</u> les papilles. Les papilles <u>aident</u> à reconnaître le goût des aliments.

a) Recopie le sujet de chaque verbe souligné. Puis indique si ce sujet est au singulier ou au pluriel.

- .... : ....
- .... : ....
- .... : ....

b) Récris la phrase suivante en mettant son sujet au pluriel.

La langue a des papilles. → Les .... ___/7

2. Observe l'accord du verbe puis complète chaque phrase avec le sujet entre parenthèses qui convient.

- .... lance la balle trop loin. (*Les joueurs / Le joueur*)
- .... répare son vélo. (*Le cycliste / Les cyclistes*)
- .... ont une belle coupe. (*Le vainqueur / Les vainqueurs*) ___/3

3. Souligne le sujet de chaque phrase. Puis accorde le verbe comme il convient.

Un avion vol........ au loin. Trois oiseaux travers........ le ciel. Un papillon s'envol......... Des nuages pass........ devant le soleil. ___/4

4. Observe le dessin puis écris une phrase pour décrire ce que fait l'animal ou les animaux de ton choix. Utilise les sujets et les verbes de la liste. Attention aux accords !

- **Sujets :** deux singes – un serpent – un perroquet – des papillons
- **Verbes :** grimper – voler – sauter – manger

....

.... ___/6

score ___/20

UNITÉS 2 ET 3. L'accord du verbe avec le sujet (2 et 3)

1. Observe.

Tout savoir sur les trolls !
Ces êtres imaginaires habitent dans des grottes, à l'abri de la lumière. Les trolls mangent de la chair fraîche, comme les ogres !
Ces affreuses créatures se déplacent et chassent la nuit. Pour s'en débarrasser, il faut les faire courir jusqu'à l'aube : la lumière les transforme en pierre !
Le sais-tu ?
Les cyclopes, les sirènes, les dragons sont aussi des êtres imaginaires.

a) Cherche la phrase contenant les verbes *se déplacer* et *chasser*. Puis souligne le GS avec lequel ils s'accordent.

Récris la phrase en la commençant par : *Cette affreuse créature*

....

b) Souligne dans le texte un verbe qui s'accorde avec plusieurs sujets. ___/6

2. Dans chaque phrase, souligne le GS en bleu et le ou les verbes en vert.

- Les vélos sont interdits, sur l'autoroute.
- Les camions et les voitures circulent vite.
- Un conducteur klaxonne, freine, s'arrête.
- Une moto double un camion.

___/4

3. Complète ces phrases avec les verbes entre parenthèses au présent. Accorde-les comme il convient.

- Les élèves et leur maîtresse .... à la piscine. (*arriver*)
- Chaque enfant .... son maillot de bain. (*enfiler*)
- Le maître nageur .... un bonnet de bain à Lily. (*prêter*)
- Les enfants ...., ... et .... dans l'eau. (*sauter*, *nager*, *jouer*)

___/6

4. Écris une phrase dans laquelle tu utiliseras un seul sujet et ces deux verbes : *glisser* et *tomber*.

.... ___/4

score ___/20

UNITÉS 4 ET 5. Les mots de liaison (1 et 2)

1. Observe.

Le serpent de papier

Matériel : du papier vert ou marron, un crayon et des ciseaux.

1. D'abord découper un rond dans le papier.
2. Puis tracer une spirale sur le rond de papier.
3. Ensuite, découper la spirale.
4. Enfin, dessiner les yeux du serpent.

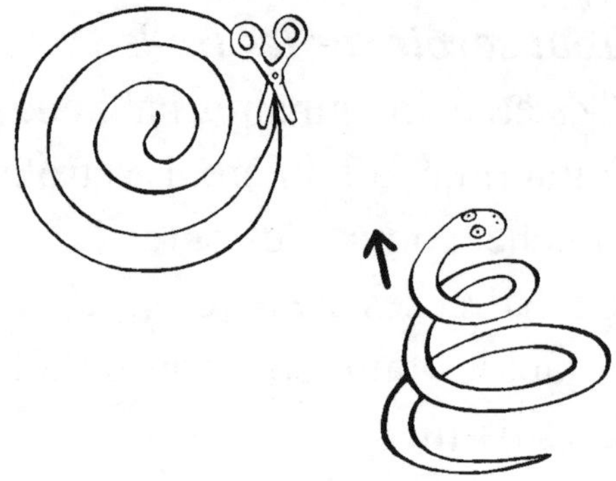

a) Souligne tous les mots de liaison du texte.

b) Recopie les deux mots qui sont reliés par *et* et indique si ce sont des adjectifs, des verbes ou des noms.

....

c) Fais de même avec les deux mots reliés par *ou*.

.... ___/6

2. Complète avec *et* ou bien *ou*.

- Il ne faut pas téléphoner .... conduire en même temps !
- Comment viendrez-vous : en voiture .... en train ?
- De quelle couleur est ton nouveau vélo : vert .... rouge ?
- Le mien est rouge avec des rayures blanches .... noires. ___/4

3. Complète le texte avec les mots de liaison qui conviennent. Attention à l'intrus !

puis – d'abord – ou – enfin – ensuite

.... remplir un pot avec de la terre. .... mettre les graines.
.... les recouvrir d'une petite couche de terre. ...., arroser. ___/4

4. Écris une phrase correspondant à la série de dessins, en utilisant au moins deux mots de liaison.

.... ___/6

score ___/20

Le présent et le futur : révision

1. Observe.

a) Souligne le verbe *avoir* au futur.

b) Recopie la phrase avec le verbe *avoir* au présent.

....

c) Cherche le verbe *adorer*. Est-il au présent ou au futur ?

.... ___/6

2. Souligne le verbe conjugué dans chaque phrase. Puis écris son infinitif et le temps auquel il est conjugué : *présent* ou *futur*.

- Flora et ses parents vont au restaurant. (.........................., ...).
- Leur table est près de la fenêtre. (.........................., ...).
- Le serveur apporte les menus. (.........................., ...).
- Flora aura-t-elle faim pour un dessert ? (.........................., ...). ___/4

3. Complète chaque phrase avec le verbe entre parenthèses au temps qui convient.

- Quand je serai en vacances, je me .... chez ma tante. (*reposer*)
- Quand tu .... malade, tu ne vas pas à l'école. (*être*)
- Quand nous .... notre nouvel appartement, mes parents m'achèteront un nouveau lit. (*avoir*)
- Quand les enfants se .... tard, ils sont fatigués. (*coucher*) ___/4

4. Écris la suite de chaque phrase en utilisant l'un des verbes de la liste au présent ou au futur.

aller – avoir – jouer – regarder – acheter

- Tous les jours, ...
- Mercredi prochain, ... ___/6

score ___/20

UNITÉ 2. Le passé composé
UNITÉS 3 ET 4. Le passé composé des verbes en *-er*

1. Observe.

Matis a installé une cabane au pied d'un arbre avec un grand drap et une corde. Il a attaché la corde au drap et à la branche. Il a utilisé des pierres pour maintenir le drap au sol. Il est fier de sa cabane !

a) Souligne tous les verbes au passé composé.

b) Récris la deuxième phrase en remplaçant son sujet par *les enfants*.

Les enfants ....

.... ___/5

2. Souligne le verbe dans chaque phrase et indique le temps auquel il est conjugué : *présent* ou *passé composé*.

- Le facteur a apporté un colis. ....
- J'ai regardé l'adresse. ....
- Ce colis est pour ma sœur. ....
- Je l'ai monté dans sa chambre. .... ___/4

3. Complète chaque phrase avec le verbe entre parenthèses au passé composé.

- À l'école, nous .... des graines de haricots. (*semer*)
- Chaque élève .... un haricot sur du coton mouillé. (*poser*)
- Les graines .... au bout de quelques jours. (*germer*)
- Puis nous .... les haricots germés dans la terre. (*planter*) ___/4

4. Complète chaque phrase avec un verbe en *-er* au passé composé.

Louis .... un nouveau jeu. Sa mère .... le film.

Ses sœurs .... dans le jardin. ___/3

5. Écris la suite de chaque phrase en utilisant un verbe de la liste au passé composé.

trouver – fabriquer – apporter

- Le mois dernier ....
- À l'école .... ___/4

score ___/20

UNITÉS 5 ET 6. **L'imparfait des verbes en *-er* et des verbes *être* et *avoir***

1. Observe.

Zibulon était une drôle de sorcière. Elle s'habillait toujours en rose et portait un chapeau doré. Elle ne jetait jamais de mauvais sort et elle n'avait pas de verrue sur le menton. Elle ne se promenait jamais sur son balai magique car elle n'en avait pas ! Pauvre Zibulon ! Tout le monde la prenait pour une fée !

a) Recopie chaque verbe souligné puis écris son infinitif.

- .... (......................)   • .... (......................)
- .... (......................)   • .... (......................)

b) Récris cette phrase en mettant ses deux verbes à l'imparfait.

Zibulon ressemble à une fée mais elle est une sorcière.

.... ___/6

2. Complète chaque verbe avec le pronom qui convient. Puis écris son infinitif entre parenthèses.

- .... avait (.............................)
- .... allumions (.............................)
- .... mangiez (.............................)
- .... étaient (.............................)

___/4

3. Complète chaque phrase avec le verbe entre parenthèses à l'imparfait.

- Quand elle .... petite, Fiona .... faire des expériences. (*être / adorer*)
- Ses frères .... un laboratoire secret dans le grenier ! (*avoir*)
- « Nous .... des potions magiques », se souvient Fiona. (*préparer*)

___/4

4. Complète chaque phrase en utilisant l'imparfait.

- Autrefois, ...
- Avant l'invention de la télévision, ...

.... ___/6

score ___/20

UNITÉ 1. ***m* devant *m*, *b*, *p***

1. Observe.

a) Observe les dessins et écris le nom des instruments dans lesquels on entend le son [ɔ̃] **ou le son** [ɑ̃].

• J'entends le son [ɔ̃] ....

• J'entends le son [ɑ̃] ....

b) Entoure dans les mots que tu as écrits les lettres qui forment chaque son. ___/4

2. Complète chaque mot avec *an*, *am*, *in* ou *im*.

une ch........son – une ....vitation – la c........pagne – ....possible – une r........pe – du j........bon ___/3

3. Complète chaque mot avec *en*, *em*, *on* ou *om*.

une t........pête – une ....quête – une f........taine – l'........bre – v........dre – tr........bler ___/3

4. Complète chaque phrase avec un mot contenant *im*, *em* ou *am*.

• .... est le mois de la rentrée des classes.

• Si l'on traverse la rue sans regarder, on commet une ....

• Une .... est une pièce dans laquelle on dort.

• Pour éclairer son bureau, on allume une .... ___/4

5. Écris deux phrases en utilisant un ou plusieurs mots de la liste.

campagne – ombre – grimper – tomber

• ....

• .... ___/6

score ___/20

UNITÉ 2. J'écris le son [ɲ] **UNITÉ 3. J'écris le son** [œ]

1. Observe.

La photo mystère

Sais-tu ce que représente cette photo ? S'agit-il à ton avis du cœur d'une fleur, d'un trou dans un champignon ou d'un lac au sommet d'une montagne ? Rien de tout cela : c'est le centre d'un œil, photographié de très près !

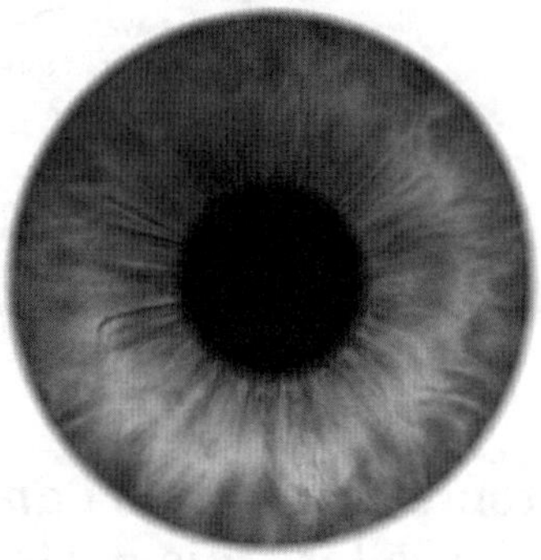

a) Recopie les mots dans lesquels on entend le son [ɲ].

....

b) Recopie les mots dans lesquels on entend le son [œ]. **Entoure les lettres qui forment ce son.**

.... ___/4

2. Relie chaque début de mot à la fin qui convient.

un pa.... •	• ....gnée
se bai.... •	• ....nier
une poi.... •	• ....gner
un bei.... •	• ....gnet

___/4

3. Complète chaque phrase avec des mots contenant le son [œ] écrit *eu* ou *œu*.

- Sandy connaît par c................ les chansons de son ch................ préféré.
- Tristan adore la danse, il veut devenir d................ plus tard.
- Lola a dessiné un très beau bouquet de f.................
- Le frère et la s................ de Camille sont de célèbres act................ de cinéma.

___/6

4. Écris deux phrases en utilisant un ou plusieurs mots de la liste.

araignée – cygne – magnifique – peur – s'éloigner – couleur – œuf

- ....
- ....

___/6

score ___/20

UNITÉ 2. **Les mots familiers**

1. Observe.

a) Entoure la bulle de l'enfant qui utilise des mots familiers et souligne les trois mots familiers qu'il emploie.

b) Cherche un mot courant qui peut remplacer chacun de ces mots familiers.

• .... • .... • ....

___/4

2. Souligne les mots familiers de chaque liste.

- froussard – baraqué – fort – fatigué
- manger – se gourer – rigoler – réfléchir
- un pébroque – de l'eau – un pote – la pétoche
- une baraque – un bouquin – une claque – une bagnole

___/5

3. Récris ces phrases en remplaçant chaque mot familier par un mot courant.

Les godasses de Rachel sont crados.

• ....

Léo a rangé son fric dans sa poche.

• ....

Sam a la trouille des cabots.

• ....

___/6

4. Complète la bulle de la fille en utilisant un langage familier.

___/5

score ___/20

UNITÉ 3. **Des expressions pour décrire quelqu'un**

1. Observe.

Mon voisin est un drôle de monsieur ! Il a un cheveu sur la langue et une mémoire d'éléphant. Il a toujours le cœur sur la main ! Et quand il se lève du pied gauche, c'est qu'il n'est pas dans son assiette !

a) Souligne toutes les expressions imagées.

b) Dans la liste suivante, entoure les expressions qui ont le même sens que les expressions imagées du texte.

il bégaye – il est fort – il a une bonne mémoire – il zozote – il est enroué – il n'est pas en forme – il est généreux – il se lève de mauvaise humeur

___ / 6

2. Relie chaque expression imagée avec l'expression qui a le même sens.

avoir bon cœur •	• être de mauvaise humeur
être mal luné •	• être généreux
avoir un poil dans la main •	• être fatigué
avoir un coup de barre •	• être paresseux

___ / 4

3. Complète les expressions imagées avec les mots de la liste qui conviennent. Attention aux intrus !

grosse – poings – gros – yeux – grasse – pieds – main

- Maya donne un coup de .... à Brice pour réparer son vélo.
- Le dimanche, Lola aime bien faire la .... matinée. Elle dort à .... fermés jusqu'à midi.
- Camille a eu les yeux plus .... que le ventre : elle n'a pas fini son dessert.

___ / 4

4. Récris les trois expressions imagées qui se sont mélangées. Puis écris une phrase au présent avec chacune d'elles.

jeter des dents – casser un coup d'œil – claquer les oreilles

• .... • .... • ....

• ....

• ....

• ....

___ / 6

score ___ / 20

Crédits photographiques
p. 5 : © Norbert Wu / Minden Pictures
p. 30 : © POLKA DOT / Jupiterimages

Achevé d'imprimer en France sur les presses de la SEPEC
1, rue de Prony - ZAE des Bruyères - 01960 PERONNAS
Tél : (33) 04 37 62 11 06
N° de projet : 10171381
Dépôt légal : Juillet 2010